JOSEMAR NUNES ROCHA

MINHA FAMÍLIA

FINANCEIRAMENTE SEGURA

I0467186

Sumário

Introdução ao Planejamento Financeiro

Importância do Planejamento Financeiro

O planejamento financeiro é a base para alcançar a estabilidade e a liberdade financeira. Sem um plano claro, é fácil se perder em meio a dívidas, gastos desnecessários e a falta de poupança. Este capítulo introduz os conceitos fundamentais do planejamento financeiro, mostrando como ele pode transformar sua vida e garantir um futuro seguro para você e sua família.

Um planejamento financeiro eficaz permite que você entenda sua situação financeira atual, defina objetivos claros e crie um caminho para alcançá-los. Ele ajuda a controlar os gastos, aumentar a poupança e investir de forma inteligente. A longo prazo, o planejamento financeiro proporciona paz de espírito, sabendo que você está preparado para emergências e que está construindo um patrimônio sólido.

Objetivos do E-book

Este e-book foi criado para ser um guia prático e acessível para pessoas comuns que desejam melhorar sua situação financeira. Ele oferece um passo a passo detalhado para ajudar você a sair das dívidas, controlar suas finanças, planejar para o futuro e alcançar a liberdade financeira.

Vamos abordar desde os conceitos básicos, como a criação de um orçamento, até estratégias avançadas de investimento e planejamento para a aposentadoria.

Entender sua situação financeira é o primeiro passo vital
em direção a uma saúde financeira sólida. Esta avaliação inicial é crucial para identificar áreas de melhoria e estabelecer metas financeiras realistas. Vamos explorar
como realizar uma avaliação abrangente de suas finanças pessoais.

Avaliação Financeira:
Comece examinando suas receitas mensais. Isso inclui todos os fluxos de renda, como salário, rendimentos de investimentos e outras fontes de dinheiro. Calcule o total dessas receitas para ter uma visão clara de sua capacidade financeira inicial.

Em seguida, analise suas despesas. Registre todas as suas despesas mensais, desde as essenciais, como moradia e alimentação, até as despesas menores, como entretenimento e compras. Classifique essas despesas para identificar onde seu dinheiro está sendo gasto e onde pode haver oportunidades de economia.

Não se esqueça de listar suas dívidas. Isso inclui empréstimos estudantis, financiamentos de veículos, cartões de crédito e outras obrigações financeiras. Anote o saldo devedor, as taxas de juros e os pagamentos mensais mínimos para entender o impacto dessas dívidas em suas finanças.

Ao longo dos 20 capítulos, você encontrará exercícios práticos, ferramentas úteis e orientações detalhadas para aplicar os conceitos apresentados em sua vida. Nosso objetivo é fornecer não apenas conhecimento, mas
também ações concretas que você pode tomar para melhorar sua situação financeira.

Estrutura do E-book
O e-book é dividido em quatro partes principais:
1.Fundamentos do Planejamento Financeiro: Compreenda sua situação financeira atual, crie um orçamento e comece a sair das dívidas.
2.Planejamento Familiar: Aprenda a importância do planejamento financeiro em família e como educar financeiramente seus filhos.
3.Construção de Patrimônio: Explore estratégias de poupança, investimentos e planejamento para a aposentadoria.
4.Manutenção e Crescimento: Descubra como revisar e ajustar seu plano financeiro, gerenciar riscos e utilizar a tecnologia a seu favor.

Cada capítulo é projetado para ser lido e aplicado individualmente, permitindo que você progrida em seu próprio ritmo. Com dedicação e prática, você estará no caminho certo para alcançar a liberdade financeira.
Este é o ponto de partida para a sua jornada financeira.
No próximo capítulo, começaremos a avaliar sua situação financeira atual, uma etapa crucial para entender onde você está e para onde quer ir. Vamos juntos transformar sua vida financeira!

Por fim, faça um inventário de seus ativos e passivos. Liste todos os seus ativos, como contas de poupança, investimentos e propriedades,
e, em seguida, enumere seus passivos, como dívidas e empréstimos. Calcule seu patrimônio líquido subtraindo o total de passivos do total de ativos. Isso proporcionará
uma visão clara de sua posição financeira global.

Utilizando Ferramentas Financeiras:
Há uma variedade de ferramentas disponíveis para facilitar essa análise, desde planilhas de orçamento simples até aplicativos de gerenciamento financeiro mais avançados. Essas ferramentas podem ajudar a organizar
suas finanças e fornecer insights valiosos sobre seus hábitos de gastos e áreas de melhoria.

Ao compreender totalmente sua situação financeira atua,
você estará bem equipado para começar a desenvolver um plano financeiro eficaz para o futuro. No próximo capítulo, discutiremos a importância de estabelecer metas
financeiras claras e alcançáveis para orientar suas decisões e ações financeiras.

Estratégias para Eliminar Dívidas

Eliminar dívidas é um passo crucial no caminho em direção à estabilidade financeira. Explore estratégias práticas e eficazes para ajudá-lo a se livrar das dívidas e conquistar sua liberdade financeira.

Avalie sua Situação de Dívida:

O primeiro passo para eliminar dívidas é entender completamente sua situação. Liste todas as suas dívidas, incluindo o saldo devedor, a taxa de juros e o pagamento mínimo mensal. Isso ajudará a priorizar quais dívidas pagar primeiro e a desenvolver um plano de ação.

Crie um Plano de Pagamento:

Com base em sua avaliação de dívidas, desenvolva um plano de pagamento. Existem duas abordagens principais: o método da bola de neve e o método avalanche. No método da bola de neve, você paga suas dívidas do menor para o maior saldo, enquanto no método avalanche, você prioriza as dívidas com as taxas de juros mais altas.

Reduza Despesas e Aumente Receitas:

Para acelerar o processo de pagamento da dívida, considere reduzir suas despesas e aumentar suas receitas. Procure maneiras de cortar gastos desnecessários, como refeições fora de casa, assinaturas não utilizadas ou entretenimento excessivo.

Além disso, explore oportunidades para aumentar sua renda, como trabalhos freelance, venda de itens não utilizados ou negociação de aumento salarial.

Negocie com Credores:

Não tenha medo de entrar em contato com seus credores para negociar melhores condições de pagamento. Muitas vezes, os credores estão dispostos a reduzir as taxas de juros, perdoar parte da dívida ou estabelecer planos de pagamento mais acessíveis para ajudá-lo a quitar suas dívidas.

Mantenha o Foco e a Disciplina:

Eliminar dívidas requer comprometimento e disciplina. Mantenha-se focado em suas metas financeiras e evite

cair em tentações de gastos impulsivos. Lembre-se de que cada pagamento de dívida o aproxima um passo mais

perto da liberdade financeira.

Celebre as Conquistas:

Ao longo do processo de eliminação de dívidas, celebre

suas conquistas, por menores que sejam. Cada dívida paga é uma vitória importante em direção à sua liberdade financeira.

Eliminar dívidas pode ser desafiador, mas é um passo crucial para alcançar uma vida financeira saudável e estável. Ao desenvolver um plano de pagamento, reduzir despesas, aumentar receitas e manter a disciplina, você estará no caminho certo para se livrar das dívidas e alcançar seus objetivos financeiros.

Fundamentos do Planejamento Familiar

O planejamento financeiro familiar é uma parte essencial da gestão financeira pessoal, mas muitas vezes é negligenciado. Agora vamos ver a importância do planejamento financeiro familiar e algumas ferramentas e técnicas úteis para ajudar as famílias a administrar suas finanças de forma eficaz.

Importância do Planejamento Financeiro Familiar:
O planejamento financeiro familiar é fundamental para garantir a estabilidade financeira e o bem-estar de todos os membros da família. Ele permite que as famílias definam metas financeiras compartilhadas, como economizar para a educação dos filhos, comprar uma casa ou garantir uma aposentadoria confortável.

Além disso, o planejamento financeiro familiar ajuda a gerenciar despesas comuns, como moradia, alimentação, educação e saúde, de forma a evitar crises financeiras e promover um ambiente familiar harmonioso e seguro.

Ferramentas e Técnicas para Famílias:
1. Orçamento Familiar: Comece criando um orçamento familiar detalhado que inclua todas as receitas e despesas da família. Isso ajudará a identificar áreas onde é possível economizar e alocar recursos de forma mais eficiente.

2. Fundo de Emergência: Estabeleça um fundo de emergência para lidar com despesas inesperadas, como reparos domésticos, despesas médicas ou perda de emprego. Recomenda-se economizar de três a seis meses de despesas familiares .

11

3.Seguro de Vida e Saúde: Garanta que todos os membros da família tenham seguro de vida e saúde adequados para proteger contra eventos imprevistos e garantir acesso a cuidados médicos de qualidade quando necessário.

4.Planejamento Tributário: Considere estratégias de planejamento tributário para minimizar a carga tributária da família, aproveitando deduções fiscais, créditos e benefícios fiscais disponíveis.

5.Educação Financeira Infantil: Ensine princípios básicos
de educação financeira às crianças desde cedo, ensinando-as sobre poupança, gastos responsáveis e investimento. Isso preparará as crianças para uma vida financeira saudável no futuro.

6.Comunicação Aberta: Promova uma comunicação aberta e transparente sobre questões financeiras dentro da família. Encoraje todos os membros da família a contribuir com ideias e preocupações, e trabalhe juntos para tomar decisões financeiras importantes.

O planejamento financeiro familiar é essencial para garantir a segurança e o bem- estar de todos os membros
da família. Ao implementar ferramentas e técnicas de planejamento financeiro eficazes, as famílias podem gerenciar suas finanças com mais eficiência e construir um futuro financeiro sólido e próspero para todos.

Educação Financeira Infantil

A educação financeira infantil é um investimento valioso no futuro financeiro das crianças. Vamos explorar a importância de introduzir conceitos financeiros desde cedo e fornecer estratégias práticas para ensinar finanças aos filhos.

Introdução à Educação Financeira para Crianças:
É fundamental começar a educar as crianças sobre finanças desde cedo. Ao ensinar-lhes conceitos financeiros básicos, como poupança, orçamento e investimento, estamos capacitando-as a tomar decisões financeiras responsáveis no futuro.

Estratégias Práticas para Ensinar Finanças aos Filhos:
1.Exemplo dos Pais: Os pais desempenham um papel crucial como modelos de comportamento financeiro. Demonstre práticas financeiras saudáveis, como poupar regularmente, evitar dívidas desnecessárias e planejar para o futuro.
2.Mesada: Introduza o conceito de mesada como uma oportunidade para ensinar crianças sobre orçamento e gestão financeira. Estabeleça regras claras sobre como a mesada deve ser usada e incentive as crianças a dividir a mesada em categorias de gastos, como economizar, gastar e doar.

Jogos e Atividades: Utilize jogos e atividades educacionais para ensinar conceitos financeiros de forma divertida e envolvente. Jogos de tabuleiro, aplicativos de finanças pessoais para crianças e simulações de negócios.

1.Conversas Abertas sobre Dinheiro: Estimule conversas abertas sobre dinheiro desde cedo. Discuta questões financeiras familiares, como orçamento doméstico, compras e economias para férias. Isso ajudará as crianças a entenderem como as decisões financeiras afetam a família como um todo.

2.Incentivo à Poupança: Estimule o hábito de poupar incentivando as crianças a economizar para objetivos específicos, como brinquedos, jogos ou experiências. Ensine-lhes a importância da paciência e do planejamento ao economizar para algo que desejam.

3.Envolvimento em Decisões Financeiras: Envolva as crianças em decisões financeiras familiares, como planejar uma viagem de férias, fazer compras de supermercado ou escolher presentes de aniversário. Isso ajuda a desenvolver habilidades de tomada de decisão e responsabilidade financeira.

Investir na educação financeira infantil é essencial para preparar as crianças para um futuro financeiro bem-sucedido. Ao introduzir conceitos financeiros desde cedo e fornecer oportunidades práticas para aprender e praticar habilidades financeiras, estamos capacitando as crianças a tomar decisões financeiras responsáveis e construir um futuro financeiro sólido e próspero.

Construindo um Fundo de Emergência

Um fundo de emergência é uma reserva de dinheiro para lidar com despesas inesperadas ou situações de crise financeira.

Importância de um Fundo de Emergência:
Um fundo de emergência é uma rede de segurança financeira que pode ajudá-lo a enfrentar despesas inesperadas sem recorrer a dívidas de alto custo ou comprometer seus objetivos financeiros de longo prazo. Ter um fundo de emergência pode proporcionar paz de espírito e estabilidade financeira, mesmo durante períodos de incerteza econômica ou imprevistos pessoais.

Como Construir um Fundo de Emergência:
1.Estabeleça uma Meta de Economia: Determine quanto você gostaria de economizar para seu fundo de emergência. Recomenda-se ter de três a seis meses de despesas básicas cobertas, incluindo moradia, alimentação, transporte e despesas médicas.
2.Priorize a Economia: Faça da construção do seu fundo de emergência uma prioridade em seu orçamento.

Reserve uma quantia fixa de dinheiro de cada salário para economizar até atingir sua meta de economia. Automatize suas Economias: Configure uma transferência automática de sua conta corrente para sua conta de economia assim que receber seu salário.

1.Reduza Despesas Não Essenciais: Identifique áreas em seu orçamento onde você pode reduzir despesas não essenciais e realocar esses fundos para seu fundo de emergência. Corte gastos desnecessários e priorize suas necessidades financeiras de curto prazo.

2.Aproveite Fontes Extra de Renda: Considere aproveitar fontes adicionais de renda, como freelancing, trabalho temporário ou vendas de itens não utilizados, para aumentar suas economias de emergência de forma mais rápida.

Exemplos Práticos:

1.Jane e John: Jane e John decidiram construir um fundo de emergência após enfrentarem dificuldades financeiras devido a uma despesa médica inesperada. Eles estabeleceram uma meta de economizar seis meses de despesas básicas e começaram a economizar $200 por mês automaticamente de seus salários. Em dois anos, eles conseguiram atingir sua meta e se sentiram mais seguros financeiramente.

2.Família Garcia: A Família Garcia começou a construir seu fundo de emergência cortando gastos supérfluos, como comer fora e assinaturas de serviços não utilizados. Eles também aproveitaram bônus e reembolsos fiscais para aumentar suas economias de emergência mais rapidamente. Com o tempo, eles conseguiram economizar seis meses de despesas e se sentiram preparados para enfrentar qualquer imprevisto.

Construir um fundo de emergência é essencial para garantir estabilidade financeira e paz de espírito. Ao estabelecer uma meta de economia, priorizar suas economias, automatizar suas transferências e reduzir despesas não essenciais.

Investimentos Básicos para Iniciantes

Temos vários tipos de investimentos disponíveis e como você pode começar a investir, mesmo que seja um iniciante no mundo dos investimentos.

Introdução aos Investimentos:
Investir é o processo de alocação de recursos financeiros com o objetivo de obter retorno sobre o investimento. Os investimentos podem ajudar a aumentar seu patrimônio ao longo do tempo e a alcançar seus objetivos financeiros de longo prazo, como aposentadoria, compra de uma casa ou educação dos filhos.

Tipos de Investimentos:
1.Ações: As ações representam uma participação na propriedade de uma empresa. Ao comprar ações, você se torna um acionista e tem direito a parte dos lucros da empresa, na forma de dividendos, e ao crescimento do valor das ações ao longo do tempo.
2.Títulos: Os títulos são empréstimos que você faz a uma entidade, como o governo ou uma empresa, em troca de juros. Os títulos são considerados investimentos de renda fixa, pois geralmente pagam uma taxa de juros fixa ao longo do tempo.
Fundos Mútuos: Os fundos mútuos são pools de dinheiro investidos em uma variedade de ativos, como ações, títulos e outros instrumentos financeiros. Eles são gerenciados por profissionais e oferecem diversificação instantânea para investidores individuais.

1.ETFs (Exchange-Trader Funds): Os ETFs são semelhantes aos fundos mútuos, mas são negociados em bolsa como ações. Eles oferecem diversificação e baixas taxas de administração, tornando-os uma opção popular para investidores iniciantes.

2.Imóveis: Investirem imóveis envolve a compra de propriedades físicas, como casas, apartamentos ou terrenos, com o objetivo de obter retorno sobre o investimento por meio de aluguel, valorização do imóvel ou ambos.

Como Começar:

1.Estabeleça Objetivos Financeiros: Antes de começar a investir, defina seus objetivos financeiros de curto, médio e longo prazo. Determine quanto tempo você tem para investir e qual nível de risco está disposto a assumir.

2.Eduque-se: Dedique tempo para aprender sobre os diferentes tipos de investimentos disponíveis e como eles funcionam. Existem muitos recursos disponíveis, incluindo livros, cursos online e consultores financeiros, que podem ajudá-lo a aumentar seu conhecimento sobre investimentos.

3.Abra uma Conta de Corretagem: Para começar a investir em ações, títulos ou ETFs, você precisará abrir uma conta de corretagem. Existem muitas corretoras online que oferecem plataformas de negociação fáceis de usar e baixas taxas de comissão.

4.Comece Pequeno: Não se sinta pressionado a investir grandes quantias de dinheiro logo de início. Comece com um valor que você se sinta confortável em investir e aumente gradualmente seus investimentos à medida que se sentir mais confiante e familiarizado com o processo.

Diversifique seus Investimentos: Ao investir, é importante diversificar seu portfólio para reduzir o risco. Não coloque todos os seus ovos em uma cesta; distribua seus investimentos entre diferentes tipos de ativos e setores da economia.

Investir pode parecer assustador no início, mas com educação e paciência, você pode construir um portfólio de investimentos sólido e alcançar seus objetivos financeiros de longo prazo.

Lembre-se de que o investimento é uma jornada, e é normal cometer erros ao longo do caminho. O importante é aprender com esses erros e continuar avançando em direção aos seus objetivos financeiros.

A Importância da Poupança

A poupança desempenha um papel fundamental na construção de segurança financeira e na realização de objetivos de longo prazo, como aposentadoria, compra de uma casa e educação dos filhos.

Por que Poupar é Importante:
A poupança é a base de uma saúde financeira sólida. Ela oferece uma rede de segurança financeira para lidar com despesas inesperadas, como emergências médicas ou perda de emprego, e também permite alcançar metas financeiras de longo prazo sem recorrer a dívidas onerosas.

Técnicas de Poupança:
1.Poupança Automatizada: Configure uma transferência automática de uma porcentagem de sua renda para uma conta de poupança toda vez que receber seu salário. Isso garante que você economize regularmente, mesmo antes de gastar seu dinheiro.
2.Orçamento Eficiente: Crie um orçamento detalhado que inclua todas as suas receitas e despesas. Identifique áreas onde você pode reduzir gastos supérfluos e realocar esses fundos para suas economias.
3.Pague-se Primeiro: Faça de sua poupança uma prioridade financeira pagando a si mesmo primeiro. Reserve uma parte de sua renda para economizar antes de pagar contas ou despesas não essenciais.

4.Estabeleça Metas de Poupança: Defina metas de poupança claras e específicas, como economizar para uma viagem, um fundo de emergência ou aposentadoria.

5.Evite Dívidas Desnecessárias: Evite acumular dívidas de alto custo, como cartões de crédito ou empréstimos pessoais, que podem dificultar o processo de economizar. Priorize pagar dívidas existentes antes de aumentar suas economias.

Estratégias para Aumentar a Poupança:

1.Aumente sua Renda: Considere maneiras de aumentar sua renda, como negociar um aumento salarial, iniciar um trabalho paralelo ou buscar oportunidades de investimento.

2.Reduza Despesas Fixas: Analise suas despesas fixas, como moradia, transporte e assinaturas de serviços, e identifique maneiras de reduzi-las. Isso pode incluir negociar taxas de serviços, refinanciar empréstimos ou mudar para uma moradia mais acessível.

3.Venda itens não utilizados: Faça uma limpeza em sua casa e venda itens não utilizados ou desnecessários. O dinheiro arrecadado com as vendas pode ser adicionado às suas economias.

4.Aproveite Descontos e Promoções: Esteja atento a descontos, promoções e cupons que possam ajudá-lo a economizar em suas compras diárias. Planeje suas compras com antecedência e aproveite ofertas especiais sempre que possível.

5.Recompense-se de forma Moderada: Reserve uma pequena porção de suas economias para recompensar-se ocasionalmente. Isso pode ajudar a mantê-lo motivado e comprometido com suas metas de poupança a longo prazo.

Planejamento para a Aposentadoria

O planejamento para a aposentadoria é essencial para garantir que você possa desfrutar de uma vida tranquila e sem preocupações após encerrar sua vida profissional.

Importância do Planejamento de Aposentadoria:
O planejamento para a aposentadoria é vital porque proporciona a oportunidade de acumular os recursos financeiros necessários para manter um estilo de vida confortável quando você não estiver mais trabalhando. A aposentadoria pode durar décadas, e é fundamental estar preparado financeiramente para enfrentar esse período com segurança e estabilidade.

Ferramentas e Planos de Aposentadoria:
1.Previdência Social: A Previdência Social é um programa governamental que oferece benefícios de aposentadoria para trabalhadores qualificados. Ao longo de sua carreira, você contribui para o sistema por meio de impostos sobre a folha de pagamento e, ao se aposentar, pode receber benefícios mensais.
2.Planos de Previdência Privada: Além da Previdência Social, é recomendável considerar a adesão a planos de previdência privada, como planos de aposentadoria patrocinados pelo empregador (como o 401(k) nos EUA) ou planos individuais de aposentadoria (como o Plano de Previdência Privada no Brasil).

3.Investimentos de Longo Prazo: Além dos planos de aposentadoria tradicionais, é importante considerar a inclusão de investimentos de longo prazo em seu portfólio, como ações, título se fundos mútuos. Esses investimentos oferecem potencial de crescimento ao longo do tempo e podem ajudar a aumentar sua poupança para a aposentadoria.

4.Seguro de Vida e Anuidades: Seguros de vida e anuidades são produtos financeiros que oferecem benefícios de aposentadoria ou proteção financeira para você e sua família. Eles podem fornecer uma fonte adicional de renda durante a aposentadoria ou proteger seus entes queridos em caso de morte prematura.

5.Planejamento Tributário: Considere estratégias de planejamento tributário para minimizar sua carga tributária durante a aposentadoria. Isso pode incluir a escolha de investimentos com benefícios fiscais ou a implementação de estratégias de retirada de fundos para otimizar sua situação fiscal.

O planejamento para a aposentadoria é uma parte crucial da gestão financeira pessoal e familiar. Ao começar a planejar e economizar para a aposentadoria o mais cedo possível, você pode aumentar suas chances de alcançar uma aposentadoria financeiramente segura e desfrutar de uma vida confortável e sem preocupações na idade avançada. Lembre-se de consultar um consultor financeiro qualificado para ajudá-lo a desenvolver um plano de aposentadoria personalizado que atenda às suas necessidades e objetivos específicos.

Gastos Inteligentes

Gastar de forma inteligente é essencial para manter uma saúde financeira sólida e alcançar seus objetivos financeiros a longo prazo.

Como Gastar de Forma Inteligente:
1.Estabeleça Prioridades Financeiras: Identifique suas prioridades financeiras, como economizar para aposentadoria, pagar dívidas ou investir em educação. Concentre seus gastos em áreas que são importantes para você e alinhadas com seus objetivos financeiros.
2.Crie um Orçamento: Desenvolva um orçamento detalhado que liste todas as suas receitas e despesas. Acompanhe seus gastos regularmente e faça ajustes conforme necessário para garantir que você esteja vivendo dentro de seus meios.
3.Distinga entre Necessidades e Desejos: Faça uma distinção clara entre necessidades e desejos ao fazer compras. Priorize suas necessidades básicas, como moradia, alimentação e cuidados de saúde, e limite gastos em itens de luxo ou impulsivos.
4.Compare Preços: Faça compras inteligentes comparando preços e procurando as melhores ofertas antes de fazer uma compra. Use sites de comparação de preços, aplicativos de cupons e descontos e aproveite as promoções para economizar dinheiro em suas compras.

Técnicas para Reduzir Gastos:

1. Reduza Despesas Fixas: Analise suas despesas fixas, como aluguel, seguro e serviços de assinatura, e identifique áreas onde você pode reduzir gastos. Negocie taxas com fornecedores de serviços e considere alternativas mais acessíveis.

2. Corte Despesas Supérfluas: Identifique despesas supérfluas em seu orçamento, como refeições fora de casa, assinaturas de serviços não utilizados e compras impulsivas, e elimine-as ou reduza-as.

3. Economize em Despesas Variáveis: Reduza gastos em despesas variáveis, como alimentação, transporte e entretenimento, fazendo escolhas inteligentes e cortando custos sempre que possível. Prepare refeições em casa, use transporte público em vez de carro e aproveite atividades gratuitas ou de baixo custo para diversão.

4. Planeje Compras Antecipadamente: Planeje suas compras com antecedência e faça uma lista de compras para evitar compras por impulso e gastos desnecessários. Compre apenas o que você precisa e evite fazer compras em excesso.

5. Acompanhe seus Gastos: Mantenha um registro detalhado de todos os seus gastos e revise regularmente seu orçamento para identificar áreas onde você pode economizar dinheiro e fazer ajustes conforme necessário.

Gastar de forma inteligente é essencial para alcançar uma saúde financeira sólida e atingir seus objetivos financeiros.

Ao estabelecer prioridades financeiras, criar um orçamento detalhado e praticar técnicas para reduzir gastos.

Seguros e Proteção Financeira

Discutiremos os diferentes tipos de seguros disponíveis e forneceremos orientações sobre como escolher os seguros adequados para suas necessidades específicas.

Importância dos Seguros:

Os seguros desempenham um papel crucial na proteção financeira contra riscos imprevistos e eventos adversos que podem impactar negativamente suas finanças. Eles fornecem tranquilidade, segurança e proteção financeira em face de perdas financeiras inesperadas, como acidentes, doenças, desastres naturais e morte prematura.

Tipos de Seguros e Como Escolher:

1.Seguro de Vida: O seguro de vida fornece um benefício em dinheiro aos beneficiários designados no caso de falecimento do segurado. Ao escolher um seguro de vida, considere o valor do benefício, a duração do seguro (tempo de cobertura), o tipo de seguro (termo ou vida inteira) e os prêmios mensais.

2.Seguro Saúde: O seguro saúde oferece cobertura para despesas médicas, incluindo consultas médicas, internações hospitalares, exames e tratamentos médicos. Ao selecionar um plano de seguro saúde, leve em consideração a cobertura oferecida, os custos mensais (prêmios), os pagamentos e a rede de provedores de saúde.

3.Seguro Automotivo: O seguro automotivo oferece proteção contra danos ou perdas ao veículo, bem como responsabilidade civil por danos a terceiros em caso de acidente de carro. Ao selecionar um seguro automotivo, leve em consideração a cobertura oferecida, os limites de indenização, as franquias, a assistência rodoviária e os descontos disponíveis.

4.Seguro de Responsabilidade Civil: O seguro de responsabilidade civil oferece proteção contra reivindicações de responsabilidade civil por danos corporais ou danos materiais causados a terceiros. Este tipo de seguro é essencial para proteger seus ativos financeiros e patrimoniais contra processos judiciais.

Como Escolher os Seguros Adequados:

-Avalie suas necessidades de cobertura com base em sua situação financeira, estilo de vida e responsabilidades familiares.

-Compare diferentes seguradoras e políticas para encontrar a cobertura mais adequada e os prêmios mais competitivos.

-Leia cuidadosamente os termos, condições e exclusões de cada política antes de tomar uma decisão.

-Considere trabalhar com um corretor de seguros ou consultor financeiro para obter orientação especializada e personalizada.

-Revise regularmente suas políticas de seguro e faça ajustes conforme necessário para garantir que sua cobertura continue atendendo às suas necessidades em evolução.

Os seguros desempenham um papel fundamental na proteção financeira pessoal e familiar contra riscos e eventos imprevistos.

Compreender os impostos e implementar um planejamento tributário eficaz pode resultar em economias significativas e melhorar sua saúde financeira a longo prazo.

Compreendendo os Impostos:
Os impostos são uma parte inevitável da vida financeira e desempenham um papel crucial no financiamento de serviços públicos essenciais, como educação, saúde, segurança pública e infraestrutura. Existem diferentes tipos de impostos, incluindo imposto de renda, imposto sobre vendas, imposto sobre propriedade e imposto sobre herança, cada um com suas próprias regras e regulamentações.

Estratégias de Planejamento Tributário:
1.Aproveite Deduções e Créditos Fiscais: Identifique todas as deduções e créditos fiscais para os quais você é elegível e maximize seu potencial de economia fiscal. Isso pode incluir despesas dedutíveis, como juros hipotecários, doações para caridade, despesas médicas e despesas educacionais.

Contribua para Contas de Aposentadoria: Contribuir para contas de aposentadoria qualificadas, como 401(k) nos EUA ou PGBL no Brasil, pode reduzir sua renda tributável e ajudar a aumentar sua economia para a aposentadoria de forma mais eficiente.

2.Utilize Contas de Poupança com Benefícios Fiscais: Considere utilizar contas de poupança com benefícios fiscais, como contas de poupança para educação (ESA) ou contas de poupança para despesas médicas (HSA nos EUA ou FSA no Brasil), para economizar para despesas específicas de forma mais eficiente.

2.Gerencie seus Investimentos de Forma Eficiente: Escolha investimentos com benefícios fiscais, como fundos de índice de baixo custo, títulos isentos de impostos e contas de investimento de longo prazo, para minimizar sua carga tributária e maximizar seu retorno sobre o investimento.

3.Planeje Estrategicamente suas Transações Financeiras: Antes de realizar transações financeiras significativas, como venda de ativos, herança ou doações, considere o impacto fiscal dessas transações e planeje-as de forma estratégica para minimizar sua responsabilidade fiscal.

O planejamento tributário eficaz é essencial para maximizar sua eficiência financeira e otimizar sua situação tributária. Ao compreender os diferentes tipos de impostos, aproveitar todas as deduções e créditos fiscais disponíveis, contribuir para contas de aposentadoria e utilizar estratégias fiscais inteligentes, você pode reduzir sua carga tributária e manter mais dinheiro em seu bolso.

Lembre-se de que o planejamento tributário é uma parte importante do planejamento financeiro geral e deve ser considerado ao tomar decisões financeiras significativas. Consultar um profissional de impostos qualificado pode ajudá-lo a desenvolver uma estratégia de planejamento tributário personalizada que atenda às suas necessidades e objetivos financeiro.

Planejamento Financeiro a Longo Prazo

O planejamento financeiro a longo prazo é essencial para garantir segurança financeira e alcançar grandes objetivos ao longo da vida.

Definindo Metas Financeiras de Longo Prazo:
1.Aposentadoria Confortável: Uma das metas financeiras mais importantes a longo prazo é garantir uma aposentadoria confortável e segura. Determine quanto dinheiro você precisará para viver confortavelmente na aposentadoria e trabalhe para acumular essa quantia ao longo do tempo.
2.Educação dos Filhos: Planeje antecipadamente para financiar a educação de seus filhos, seja para custear a faculdade ou outros estudos. Estabeleça um plano de economia para garantir que você tenha os recursos necessários quando chegar a hora de pagar as mensalidades e despesas relacionadas à educação.
3.Compra de uma Casa: Se você tem o objetivo de comprar uma casa, defina quanto deseja economizar para a entrada e reserve tempo para pesquisar e encontrar a propriedade ideal. Criar um fundo de reserva para despesas relacionadas à compra de casa também é fundamental.

4.Independência Financeira: Busque alcançar a independência financeira, onde seus investimentos e ativos geram renda suficiente para cobrir suas despesas e estilo de vida sem a necessidade de emprego remunerado. Isso pode permitir maior liberdade e flexibilidade em suas escolhas de vida.

5.Legado Financeiro: Considere criar um legado financeiro para sua família e futuras gerações. Isso pode incluir a construção de um patrimônio sólido, a proteção de ativos por meio de planejamento sucessório e a filantropia para apoiar causas significativas.

Estratégias para Alcançar Objetivos de Longo Prazo:

1.Estabeleça um Plano Financeiro: Crie um plano financeiro abrangente que detalhe suas metas de longo prazo, seus recursos financeiros disponíveis e as etapas necessárias para alcançar cada objetivo. Revise e ajuste regularmente seu plano conforme necessário.

2.Economize e Invista de Forma Consistente: Poupe uma porcentagem de sua renda regularmente e invista essas economias em veículos de investimento adequados para seus objetivos de longo prazo. Mantenha uma abordagem disciplinada e consistente ao longo do tempo.

3.Diversifique seus Investimentos: Diversifique seu portfólio de investimentos para reduzir o risco e aumentar o potencial de retorno ao longo do tempo. Considere investir em uma variedade de ativos, como ações, títulos, imóveis e fundos mútuos, de acordo com sua tolerância ao risco e horizonte de investimento.

Gerenciando Riscos Financeiros

Temos diversas fontes de risco financeiro e exploraremos as ferramentas disponíveis para mitigar esses riscos, garantindo assim uma maior segurança financeira a longo prazo.

Identificação de Riscos Financeiros:

1.Risco de Renda: Perda de emprego, redução salarial ou interrupção de fontes de renda podem representar riscos significativos para sua estabilidade financeira.

2.Risco de Mercado: Flutuações nos mercados financeiros, como ações, títulos e commodities, podem afetar o valor de seus investimentos e portfólio de maneira imprevisível.

3.Risco de Saúde: Despesas médicas inesperadas devido a doença ou lesão podem ter um impacto financeiro significativo, especialmente se você não tiver um plano de saúde adequado.

4.Risco de Longevidade: Viver mais tempo do que o esperado pode esgotar seus recursos financeiros de aposentadoria, especialmente se você não planejou adequadamente para uma vida mais longa.

5.Risco de Eventos Catastróficos: Desastres naturais, acidentes graves ou eventos imprevisíveis podem causar danos materiais significativos e exigir despesas extraordinárias para recuperação.

Ferramentas para Mitigação de Riscos:
1.Seguros: Adquira uma variedade de seguros, incluindo seguro de vida, seguro saúde, seguro de propriedade,
seguro automotivo e seguro de responsabilidade civil, para proteger contra perdas financeiras inesperadas.
2. Fundo de Emergência: Mantenha um fundo de emergência adequado, equivalente a pelo menos três a seis meses de despesas, para lidar com despesas inesperadas, como perda de emprego ou despesas médicas.
3.Diversificação de Investimentos: Diversifique seu portfólio de investimentos para reduzir o risco de perdas significativas em caso de flutuações nos mercados financeiros.
4.Planejamento de Aposentadoria: Planeje antecipadamente para garantir que você tenha recursos financeiros adequados para sustentar seu estilo de vida durante a aposentadoria, levando em consideração riscos de longevidade e inflação.
5.Educação Financeira: Invista na sua educação financeira para melhorar sua compreensão dos riscos financeiros e desenvolver habilidades para tomar decisões financeiras prudentes e informadas.

Gerenciar os riscos financeiros é fundamental para garantir estabilidade e segurança financeira a longo prazo.
Ao identificar os riscos financeiros relevantes em sua vida e implementar estratégias eficazes de mitigação de riscos, você pode proteger seu patrimônio e alcançar seus objetivos financeiros com maior confiança e tranquilidade.

Tamo Junto: Mindset Financeiro

E aí, meu querido leitor! Chegamos no capítulo da mentalidade financeira, e olha, essa parada é crucial, viu? Vamos bater um papo sobre como a sua cabeça pode ser a chave para o sucesso (ou o fracasso) nas suas finanças. Bora lá!

Por que essa Mentalidade é Tão Importante?
Sabe aquele ditado "mente sã, corpo são"? Então, na vida financeira, é bem assim também! Uma mentalidade positiva e focada em objetivos pode abrir portas e te levar mais longe do que imagina. É tipo um superpoder, saca?

Como Desenvolver essa Mentalidade extraordinária:

1.Afirmações Positivas: Se joga nas afirmações positivas, tipo "eu sou bom com dinheiro" ou "eu mereço prosperidade". Repete essas frases todo dia e veja como sua mente começa a acreditar nisso de verdade!

2.Visualização Criativa: Fecha os olhos e imagina sua vida financeira dos sonhos. Se vê viajando pelo mundo, comprando aquela casa dos sonhos ou ajudando a família? Acredite, isso faz toda a diferença!

3.Gratidão Financeira: Agradeça pelas suas conquistas financeiras, por menores que sejam. Valorizar o que já temos abre caminho para recebermos mais. É a lei do universo, meu amigo!

4.Aprendizado Contínuo: Mantenha a mente aberta para aprender sempre mais sobre finanças. Livros, podcasts, vídeos no YouTube, tudo vale! Quanto mais você sabe, mais seguro e confiante fica.

TeCnoFin: Revolucionando Suas Finanças

E aí, galera ligada em tecnologia! É hora de dar aquele upgrade nas suas habilidades financeiras com a ajuda de ferramentas digitais e aplicativos incríveis. Preparados para essa jornada digital? Então bora lá!

Como a Tecnologia Pode Turbinar Suas Finanças:
1.Organização Financeira Automatizada: Chega de planilhas complicadas! Com aplicativos de orçamento como o Mint ou o YNAB, você pode rastrear suas despesas, categorizá-las automaticamente e até mesmo receber alertas quando estiver gastando demais. É como ter um assistente pessoal para suas finanças, direto no seu bolso!
2.Investimentos Descomplicados: Esqueça a papelada e as ligações para o seu corretor. Plataformas de investimento como o Robinhood ou o Easyinvest permitem que você invista em ações, fundos e até mesmo criptomoedas com apenas alguns cliques, tudo direto do seu smartphone. É investimento na palma da sua mão!
3.Educação Financeira Interativa: Quer aprender sobre finanças de forma divertida e interativa? Aplicativos como o QuizzUp ou o Quiz Financeiro podem testar seus conhecimentos sobre dinheiro enquanto você se diverte. Afinal, quem disse que aprender precisa ser chato?

4.Automatização de Pagamentos: Evite atrasos e taxas desnecessárias automatizando seus pagamentos recorrentes. Aplicativos como o PayPal ou o PagBank permitem que você agende pagamentos de contas, transferências e até mesmo investimentos para que tudo seja feito automaticamente, sem preocupações.
5.Análise de Gastos Inteligente: Quer entender melhor para onde está indo o seu dinheiro? Aplicativos como o Emma ou o GuiaBolso analisam seus hábitos de consumo, identificam áreas onde você pode economizar e até mesmo negociam descontos em suas contas. É como ter um coach financeiro pessoal sempre ao seu lado!

Então, pessoal, a tecnologia veio para ficar e revolucionar a maneira como lidamos com o dinheiro. Com essas ferramentas digitais e aplicativos incríveis, você pode simplificar suas finanças, tomar decisões mais inteligentes e alcançar seus objetivos financeiros com muito mais facilidade. É hora de embarcar nessa jornada tecnológica rumo ao sucesso financeiro!

Revisão Financeira: Mantendo o Controle

E aí, pessoal! Não basta saber gerar dinheiro se não saber controlar ele. Sabemos que a vida é uma montanha-russa e, às vezes, é preciso ajustar o cinto de segurança das finanças. Então, vamos lá aprender como revisar seu plano financeiro e garantir que esteja sempre na direção certa.

Como Revisar Seu Plano Financeiro:
1.Frequência de Revisão: Faça uma revisão completa do seu plano financeiro pelo menos uma vez por ano. Além disso, faça revisões menores trimestralmente para garantir que esteja no caminho certo.
2.Comparação de Metas: Compare suas metas financeiras originais com sua situação atual. Isso ajudará a identificar áreas onde você está progredindo e onde precisa fazer ajustes.
3.Análise de Despesas: Revise suas despesas para identificar áreas onde está gastando mais do que o planejado. Isso pode envolver cortar gastos desnecessários ou encontrar maneiras de reduzir custos em áreas específicas.
4.Avaliação de Receitas: Analise suas fontes de receita para garantir que estejam alinhadas com suas metas financeiras. Considere maneiras de aumentar sua renda, como buscar promoções no trabalho ou procurar fontes adicionais de renda.

5.Atualização de Investimentos: Verifique regularmente seus investimentos para garantir que estejam alinhados com seus objetivos financeiros de longo prazo. Faça ajustes conforme necessário com base em mudanças no mercado ou em sua situação financeira.

Indicadores de Desempenho Financeiro:

1.Relação Dívida/Receita: Este indicador mostra quanto da sua renda está sendo usada para pagar dívidas. Uma relação muito alta pode indicar problemas de endividamento excessivo.

2.Taxa de Poupança: A taxa de poupança mostra a porcentagem da sua renda que está sendo economizada ou investida. Uma taxa de poupança saudável é essencial para construir riqueza a longo prazo.

3.Retorno sobre Investimento (ROI): O ROI avalia o desempenho dos seus investimentos. Um ROI positivo significa que seus investimentos estão gerando retornos sólidos.

4.Índice de Liquidez: Esse indicador avalia a sua capacidade de cobrir despesas imediatas com ativos líquidos. Um índice de liquidez alto indica boa saúde financeira e capacidade de enfrentar emergências.

5.Pontuação de Crédito: Sua pontuação de crédito é um indicador importante de sua saúde financeira. Mantenha-se atento a ela e tome medidas para melhorá-la, se necessário.

Então, pessoal, não basta apenas criar um plano financeiro - é preciso revisá-lo regularmente e fazer os ajustes necessários ao longo do caminho. Com uma análise cuidadosa e o monitoramento dos indicadores de desempenho financeiro, você pode garantir que suas finanças estejam sempre no rumo certo.

Rumo à Liberdade Financeira: O Último Passo

E aí, guerreiros das finanças! Estamos prestes a atingir o ápice da jornada: a tão sonhada liberdade financeira. Vamos mergulhar nos passos finais para alcançar esse objetivo e nos inspirar com exemplos de sucesso e casos práticos. Preparados para essa última etapa rumo à liberdade financeira? Então vamos lá!

Passos Finais para Alcançar a Liberdade Financeira:

1.Redução de Dívidas: Se você ainda tem dívidas pendentes, agora é a hora de eliminá-las de uma vez por todas. Priorize o pagamento das dívidas com as taxas de juros mais altas e adote um plano agressivo de quitação.

2.Aumento de Investimentos: Com suas dívidas sob controle, redirecione o dinheiro que estava sendo usado para pagá-las para aumentar seus investimentos. Concentre-se em construir um portfólio diversificado que gere retornos sólidos a longo prazo.

3.Diversificação de Fontes de Renda: Busque criar múltiplas fontes de renda para garantir sua estabilidade financeira. Isso pode incluir investimentos, renda passiva, trabalho freelancer ou empreendedorismo.

4.Revisão Regular do Plano Financeiro: Continue revisando e ajustando seu plano financeiro conforme necessário. À medida que você se aproxima da liberdade financeira, é importante permanecer flexível e adaptar sua estratégia às mudanças na vida e no mercado.

Celebração das Conquistas: Não se esqueça de comemorar suas conquistas ao longo do caminho! Cada passo em direção à liberdade financeira merece ser celebrado, por menor que seja.

Exemplos de Sucesso e Casos Práticos:

1.História de Superação: Conheça histórias inspiradoras de pessoas comuns que conseguiram atingir a liberdade financeira através de disciplina, perseverança e determinação. Suas histórias vão te motivar a seguir em frente, mesmo nos momentos mais difíceis.

2.Estudos de Caso Reais: Explore estudos de caso reais de indivíduos e famílias que conseguiram alcançar a liberdade financeira seguindo passos simples e práticos. Esses exemplos práticos podem fornecer insights valiosos e inspiração para sua própria jornada financeira.

3.Dicas e Estratégias Comprovadas: Descubra dicas e estratégias comprovadas que podem acelerar seu progresso em direção à liberdade financeira. Essas dicas vêm de especialistas e da experiência daqueles que já trilharam esse caminho com sucesso.

Então, pessoal, estamos quase lá! Com esses passos finais e exemplos inspiradores, você está pronto para dar o salto em direção à liberdade financeira. Continue perseverando, mantenha o foco em seus objetivos e lembre-se de que a liberdade financeira é mais do que uma meta - é um estilo de vida que vale a pena perseguir. Vamos juntos rumo à liberdade financeira!

Conclusão e Próximos Passos: Rumo ao Sucesso Financeiro

E assim chegamos ao final da nossa jornada rumo ao sucesso financeiro! Neste capítulo final, vamos recapitular os principais pontos que abordamos ao longo deste livro e discutir quais ações você pode tomar para continuar sua jornada de aprendizado e crescimento financeiro. Vamos lá, celebrar essa conquista e nos preparar para os próximos passos!

Recapitulando os Principais Pontos:
-Aprendemos a importância do planejamento financeiro pessoal e familiar para alcançar a estabilidade e a liberdade financeira.
-Exploramos técnicas práticas para controlar as finanças, incluindo a criação de orçamentos, o estabelecimento de metas financeiras e a construção de um fundo de emergência.
-Descobrimos estratégias para economizar, investir e planejar a aposentadoria, bem como a importância de educar financeiramente as crianças desde cedo.
-Exploramos o papel da tecnologia nas finanças pessoais e como ela pode facilitar o gerenciamento financeiro.
-Discutimos a importância da mentalidade financeira positiva, o gerenciamento de riscos financeiros e a análise regular do plano financeiro.
-Finalmente, exploramos os passos finais para alcançar a liberdade financeira e nos inspiramos com exemplos de sucesso e casos práticos.

Ações Futuras e Continuidade do Aprendizado:

Continue aprimorando sua educação financeira buscando recursos adicionais, como livros, cursos online, podcasts e workshops.

-Mantenha-se atualizado sobre as tendências e desenvolvimentos no mundo das finanças, especialmente em relação a investimentos e tecnologia.

-Continue revisando e ajustando seu plano financeiro regularmente, adaptando-o às mudanças em sua vida e nas condições econômicas.

-Compartilhe seus conhecimentos e experiências com outras pessoas, ajudando a espalhar a importância da educação financeira e capacitando outros a alcançar o sucesso financeiro.

-Nunca pare de sonhar e definir novas metas financeiras.

A liberdade financeira é uma jornada contínua e emocionante, e sempre haverá novos desafios e oportunidades a serem explorados.

Então, meus amigos, chegamos ao fim desta jornada incrível juntos. Espero que este livro tenha sido útil e inspirador para você, e que você se sinta mais confiante e capacitado para assumir o controle de suas finanças e alcançar seus objetivos financeiros. Lembre-se, o sucesso financeiro não acontece da noite para o dia, mas com paciência, perseverança e educação contínua, você pode conquistar seus sonhos financeiros mais ambiciosos. Que sua jornada rumo ao sucesso financeiro seja repleta de prosperidade, crescimento e realização. Até breve, e que os ventos da fortuna estejam sempre a seu favor!

Agradecimentos

Queridos leitores,

Chegamos ao fim desta jornada juntos, e eu gostaria de expressar minha mais profunda gratidão a cada um de vocês. É uma honra ter compartilhado este guia prático de planejamento financeiro pessoal e familiar com vocês. Agradeço por investirem seu tempo e energia em aprender e aplicar os conceitos apresentados neste e-book. Espero que as ferramentas, estratégias e inspirações aqui oferecidas contribuam significativamente para a construção de uma vida financeira mais segura e próspera para vocês e suas famílias.

Sua busca pelo conhecimento e dedicação ao aprimoramento financeiro é verdadeiramente inspiradora. Cada passo que vocês dão em direção ao controle financeiro, à educação financeira infantil, à construção de um fundo de emergência, aos investimentos e à liberdade financeira é um passo rumo a um futuro mais estável e promissor.

Continuem firmes nessa caminhada, revisando seus planos, ajustando suas estratégias e buscando sempre novos aprendizados. Lembrem-se de que o sucesso financeiro não é apenas uma meta a ser alcançada, mas um estilo de vida a ser cultivado diariamente.

Agradeço também aos exemplos de sucesso que compartilham suas histórias e nos motivam a continuar. Que possamos todos nos inspirar mutuamente e construir uma comunidade de indivíduos financeiramente seguros e realizados.

Muito obrigado por me permitirem fazer parte dessa jornada com vocês. Desejo a todos muita prosperidade, realização e, acima de tudo, liberdade financeira.